Bettina Wegenast

Être le loup

Traduit de l'allemand
par Svea Winkler-Irigoin

Théâtre
l'école des loisirs
11, rue de Sèvres, Paris 6ᵉ

Pièce créée le 21 février 2004 au Theaterspielplatz
du Staatstheater de Brunswick.

ISBN : 978-2-211-07733-0

© 2004, l'école des loisirs, Paris, pour l'édition en langue française
© 2002, Gustav Kiepenheuer Bühnenvertriebs-GMBH, Berlin
Titre de l'édition originale : « Wolf sein »
Loi numéro 49.956 du 16 juillet 1949 sur les publications
destinées à la jeunesse : septembre 2004
Dépôt légal : juin 2016
Imprimé en France par Pollina à Luçon - N° L77223

LES PERSONNAGES

KALLE
mouton / loup

LOCKE
mouton / chasseur

NAIN

RENÉE
mouton

LIEUX

Pré, bureau, forêt, rivière.

1

DANS LE PRÉ

Kalle et Locke

«Le loup est mort, le loup est mort, LE LOUP
EST MORT!!!»

*Les trois petits cochons chantent à tue-tête. Dans
une frénésie joyeuse, ils dansent dans le pré. Tout exci-
tés, ils ne regardent pas où ils mettent les pieds et tré-
buchent régulièrement.*

*À l'orée du bois, on entend : « Mort ? C'est vrai ? Je
n'arrive pas à y croire ! C'est super ! »*

*Les biches aussi sautillent joyeusement entre les
arbres. Un chœur de moutons bêle d'aise dans le pré,
entre deux bouchées d'herbe. Tout le monde se réjouit.
Deux moutons jouent à chat, puis ils se remettent à
brouter. Tout à coup, le plus petit s'interrompt.*

LOCKE

Il était comment?

KALLE

Qui?

LOCKE

Le loup!

KALLE

Ah… le loup…

LOCKE

Alors, il était comment?

KALLE

Quelle question! Méchant, bien sûr!

LOCKE

Vraiment méchant?

KALLE

Évidemment. Vraiment méchant. Méchant comme un loup.

LOCKE

Est-ce que tous les loups sont méchants?

KALLE

Bien sûr! Et celui-ci encore plus que les autres! Il n'était pas pour rien le grand méchant loup.

LOCKE

Pour rien? Évidemment, pourquoi le ferait-il pour rien, bénévolement? C'est sans doute bien payé, grand méchant loup. Il était comment? Je veux dire… physiquement?

KALLE

Physiquement? Méchant, ça va de soi.

LOCKE

Vraiment méchant? Avec des yeux rouges? Noir? Hirsute?

KALLE

Noir et terriblement hirsute. Avec une longue queue et…

LOCKE

… et des griffes. Longues et tranchantes comme des lames!

KALLE

Comme des lames. Et sa gueule était barbouillée de bave…

LOCKE

… de bave et de sang.

KALLE

De sang et de bave… et coincé entre ses dents…

LOCKE

… des restes de nourriture !

KALLE

Les restes de ses victimes !

LOCKE

Terrifiant…

KALLE

Il vaut mieux ne pas y penser !

LOCKE

Oui, il vaut mieux. Et que faisait-il ?

KALLE

Comment ça, que faisait-il ? Il était méchant.

LOCKE

Mais que faisait-il exactement ? Est-ce qu'il mordait les moutons ? Est-ce qu'il leur mordait les jambes ?

KALLE

Les moutons…? Les jambes? Évidemment. Mais il faisait bien pire encore. Je pourrais te raconter…

LOCKE

Pire? Qu'est-ce qu'il y a de pire?

KALLE

Arrête! Je ne veux même pas y penser. Terrifiant. Heureusement qu'il est mort.

Les deux moutons se remettent à brouter.

LOCKE

Est-ce que tu l'as connu?

KALLE

Connu? Crois-tu que je brouterais à côté de toi, là, maintenant, si je l'avais connu?

LOCKE

Mais tu l'as vu?

KALLE

Vu… euh… non, pas directement. Mais presque. Une fois j'ai failli le voir. Presque. Oui, j'ai presque failli le voir.

LOCKE

Comment ça, tu as failli ?

KALLE

Euh… je veux dire que je connais quelqu'un qui l'a vu. Et puis je connais aussi Erwin… qui lui faisait parfois ses courses.

LOCKE

Ses courses ? Ses courses ! Au grand méchant loup ? Il lui faisait ses courses ?

KALLE

C'est ça. Il lui faisait ses courses.

LOCKE

Je croyais qu'il volait et tuait. Je croyais qu'il était terrifiant. Tu n'aurais pas, des fois, attrapé la fièvre aphteuse ?

KALLE

Arrête ! Tu dis n'importe quoi ! Fièvre aphteuse ! Je vais parfaitement bien. Bien sûr qu'il volait et tuait. Évidemment, puisqu'il était le grand méchant loup.

LOCKE

Et quel genre de courses Erwin lui faisait-il ?

KALLE

Comment veux-tu que je sache? Des courses, quoi! Dentifrice, shampooing, un peigne à laine, de la nourriture, que sais-je?

LOCKE

Quoi? Un peigne à laine? De la nourriture? Mais je croyais qu'il était le grand méchant loup. Et il envoyait cet Erwin lui acheter des peignes à laine et de la nourriture!

KALLE

Personne n'a parlé de plusieurs peignes à laine. *Un* peigne à laine, j'ai dit. Qui aurait besoin de plusieurs peignes à laine? Et puis, est-ce que je sais, moi? Je n'y étais pas.

LOCKE

Et où volait-il? Où tuait-il?

KALLE

Où? Euh… je ne sais pas. Aucune idée. Partout. Là où c'était nécessaire.

LOCKE

Mais comment sais-tu qu'il volait et tuait?

KALLE

Euh… oui… Mais enfin, c'est évident! Ça coule de source!

LOCKE

Mais… est-ce qu'il… vraiment… pour de bon, je veux dire?

KALLE

Est-ce qu'il *quoi*?

LOCKE

Est-ce qu'il volait et tuait?

KALLE

Mais bien sûr. Il était le grand méchant loup. Bien sûr qu'il volait et qu'il tuait. Sinon, qu'est-ce qu'il aurait fait de ses journées? C'était son boulot.

LOCKE

Son boulot? C'est un boulot, grand méchant loup?

KALLE

Oui, son boulot. Qu'est-ce que tu crois? Qu'il faisait ça comme ça, pour le plaisir? Non, mon cher, être le loup, ce n'est pas un plaisir. Il faut être costaud. C'est vraiment du travail. Il faut une bonne condition physique, la main sûre et des nerfs d'acier.

LOCKE

Mais je pensais…

KALLE

Eh bien, tu t'es trompé. Mais maintenant ça n'a plus d'importance. Maintenant il est mort.

LOCKE

En effet. Il était comment ?

KALLE

Aucune idée. Et je m'en fiche. D'ailleurs, il ne le faisait pas mal, son boulot, pas mal du tout. Rien à dire là-dessus.

LOCKE

Et maintenant ? Qu'est-ce qui va se passer ?

KALLE

Ben, ils vont en recruter un nouveau.

LOCKE

Comment ? Un nouveau grand méchant loup ?

KALLE

Évidemment! Le poste est vacant, j'ai vu l'annonce.

LOCKE

Mais pourquoi? Pourquoi recruter un nouveau loup? Tout le monde se réjouit de sa mort.

KALLE

Mais il fait partie du jeu. On a toujours besoin d'un grand méchant loup. Sans lui, il y a quelque chose qui manque. C'est vraiment un boulot important. Pas pour les moutons moutons. Je me demande si je ne vais pas postuler.

LOCKE

TOI?

KALLE

Ouais.

LOCKE

As-tu bien réfléchi? Toi? Avec tes problèmes de digestion?

KALLE

Ooh, ma digestion, elle s'est beaucoup améliorée.

LOCKE

Ah tiens, depuis quand? Et tes dents?

KALLE

Qu'est-ce qu'elles ont, mes dents?

LOCKE

Tu t'en es pas mal plaint ces derniers temps… bêêêê, j'ai mal ici, bêêêê, j'ai mal là.

KALLE, *montre ses dents.*

Comment? Qu'est-ce qui ne va pas avec mes dents?

LOCKE

Elles te faisaient souvent mal, c'est tout.

KALLE

Bah!

LOCKE

Comme tu veux, c'est ton problème. C'est sans doute un boulot fatigant. Et que vont dire les autres?

KALLE

Les autres, je m'en fiche des autres! C'est sans doute bien payé et en plus amusant. Ça me changera. Et on te fournit la fourrure. C'est compris. Et puis… être méchant, vraiment méchant. Je mettrais de l'animation ici, crois-moi. Je ferais… Bon, j'y vais. Je vais tenter ma chance.

LOCKE

Tu es fou. Malade. Tu n'es pas un loup. Tu es un mouton. Tu m'entends? Tu es un mouton, un mouton! Tu es un mouton!

KALLE

Ne monte pas sur tes grands chevaux. Qu'est-ce qu'il y a? C'est l'occasion rêvée.

LOCKE

Bonté divine! Ça y est, il a perdu la tête. Fais voir tes pieds!

KALLE

Eeh, laisse mes pieds tranquilles.

LOCKE

Et maintenant la gueule…

KALLE, *pas content.*

Arrgle!

LOCKE

Je m'en doutais… la fièvre aphteuse. Tu as la fièvre aphteuse. C'est comme ça que ça commence. D'abord, on ne voit rien, mais elle est tapie à l'intérieur de toi et elle attend son heure.

Et puis un jour elle se réveille… et ayez pitié de nous, Grand Pasteur! La fièvre aphteuse accompagnée d'un ramollissement cérébral précoce. Ce n'est pas beau ça.

Au secours! AU SECOURS! Il a attrapé la fièvre aphteuse! Ne t'approche pas de moi. Reste où tu es! Fiche le camp!

KALLE

La ferme! C'est toi qui es fou. C'est une chance inouïe. Pour moi, pour nous.

LOCKE

Ne compte pas sur moi. Ça ne me regarde pas. Je vais bien, moi.

KALLE

Ah bon? Calme-toi et écoute-moi bien. Qu'est-ce que tu veux? Passer ta vie à bêler dans le pré? Ruminer? Finir comme gigot?

LOCKE

Je ne suis pas un gigot, je suis Locke.

KALLE

Oui, pour l'instant. Mais dans l'assiette tu seras un gigot, comme tous les autres, ou du ragoût.

LOCKE

N'importe quoi !

KALLE

Ne te voile pas la face ! Mais bon, comme tu veux. Si tu veux. Ce serait l'occasion unique pour vivre quelque chose de passionnant, pour voir du pays. Pour se retrouver de l'autre côté de la barrière. Pour goûter à autre chose. Sentir entre ses dents le goût de la liberté et de l'aventure…

LOCKE

Quelles bêtises… je suis non fumeur.

KALLE

Et alors, tu as bien compris ce que je voulais dire.

LOCKE

Ouais… d'accord…

KALLE

Tu vois ? Ça t'amuserait aussi. Je te connais. Et depuis des lustres. Nous formons une équipe.

LOCKE

Bon, tu as gagné ! Toi en grand méchant loup. Je suis curieux de voir ça. J'ai du mal à t'imaginer. Drôle d'idée. Mais si tu y tiens. Bon… Je pourrais te faire tes courses de temps en temps.

KALLE

Oh, merci. Très bien. Ça me sera sans doute utile. Car de quoi aurais-je l'air, moi le grand méchant loup en faisant des emplettes, en achetant des ciseaux à laine, des aiguilles à tricoter, des mouchoirs… J'accepte volontiers ta proposition. Et maintenant, allons-y !

LOCKE

Tu veux que je vienne avec toi ? Bon, pourquoi pas ? Mais…

KALLE

Juste pour jeter un œil…

Ils continuent de mastiquer. Entre deux bouchées d'herbe, ils chantent joyeusement à tue-tête avec les autres : « Le loup est mort, le loup est mort… »

2

BUREAU

Locke et Kalle se trouvent devant la porte du bureau.

LOCKE
Nous y voilà.

KALLE
Déjà? On a fait vite…

LOCKE
Pas tellement. Pourquoi? Tu n'es plus pressé?

KALLE
Non… si, au contraire. Je meurs d'impatience…

LOCKE
Parce que tu as l'air bizarre. Tu as peur?

KALLE

Quelle idée ! Moi avoir peur ? Pourquoi aurais-je peur ?

LOCKE

Tu as l'air…

KALLE

J'ai l'air de quoi ? De quoi veux-tu que j'aie l'air ? C'est peut-être que j'ai la vessie pleine.

LOCKE

Ah bon… Tu as la vessie pleine ?

KALLE

Nooon !

LOCKE

Mais alors, vas-y ! Saute le pas !

KALLE

Bon, j'y vais.

Ils entrent, Kalle le premier.
Une grande affiche, abondamment illustrée, orne le mur : « Recrutons loup ». On pourrait peut-être y voir l'une ou l'autre des tâches d'un grand méchant loup : manger le Petit Chaperon rouge, souffler des maisons, dévorer les Sept Chevreaux, etc.

NAIN

C'est pourquoi ? *(Il farfouille dans ses papiers.)*

KALLE

C'est moi, le nouveau loup.

NAIN

Ah bon, c'est vite dit mais… on va regarder ça… *(Il continue de farfouiller.)*

KALLE

Faites donc, c'est gratuit de regarder. *(Il se tourne et se tortille.)*

NAIN

Ce n'est pas l'aspect extérieur qui compte. Plutôt les valeurs profondes.

KALLE

Ma digestion se porte bien. Et mes dents aussi.

NAIN

J'en suis ravi pour vous. Mais ce n'est pas tout, ça ne suffit pas.

KALLE

Non ?

NAIN

Non.

KALLE

Dommage. Excusez-moi, mais pourrait-on…
peut-être, si possible… la fenêtre… il fait si
chaud chez vous…

NAIN

Chaud ? Je trouve qu'il fait plutôt frais, mais…
c'est mieux ainsi ?

KALLE

Oui, merci !

LOCKE

Il a besoin d'une nouvelle tonte… une laine
de première qualité. Si un jour vous avez besoin
d'un pull… on a une filière…

NAIN

Non merci. Mais venons-en aux faits : pourquoi être loup ? Et pourquoi vous ?

KALLE

Parce que…

NAIN

Eh bien ?

KALLE

Parce que…

NAIN

Eehh bien?

LOCKE

Parce qu'il est atteint de fièvre aphteuse, attention, ne vous approchez pas trop!

KALLE, *se précipite.*

Parce que je suis le meilleur. Parce que je le
veux. Je ne suis pas un de ces moutons moutons.
Parce que je veux autre chose que brouter à lon-
gueur de journée, je veux savoir à quoi ressemble
la vie à l'extérieur de l'enclos, je veux connaître
le vrai goût de la vie! Et parce que c'est sans
doute bien payé.

NAIN

Très bien… Et quoi d'autre?

KALLE

Parce que… enfin… j'ai toujours bien aimé
jouer à «vautour et agneaux».

NAIN

«Vautour et agneaux»?

LOCKE

C'est exact. Il est très doué.

NAIN

«Vautour et agneaux», qu'est-ce que c'est?
Jamais entendu parler.

LOCKE

C'est un jeu.

NAIN

Mais ici, il ne s'agit pas d'un jeu.

KALLE

Je sais bien. Mais c'est toujours moi qui suis le
vautour et je me débrouille pas mal. C'est super.

NAIN

Bon, alors… expérience comme «vautour».
Très bien. Vous savez donc voler?

KALLE

Voler? Oui, enfin non, pas exactement. Ce
vautour-là ne vole pas. On se cache derrière un
buisson. Un buisson sans épines, sinon on reste
accroché. On se ridiculiserait comme vautour, il
faut donc faire très attention. Bon donc, je disais,
on se cache. Les agneaux sont dans le pré. Ils

broutent et ne se doutent de rien. Le vautour guette, comme un félin. Derrière le buisson. Il tend tous ses muscles, observe, attend le bon moment. Un bon vautour a le sens du bon moment. Et puis il s'élance. Se jette sur les agneaux. Gnapp – gnapp, gnapp!

Il prend un air très dangereux.

LOCKE
Presque comme un vrai loup, n'est-ce pas? Oui, il s'est toujours bien débrouillé. Je croirais presque ce que Renée a dit… elle avait raison! Tu l'as mordue pour de vrai!

KALLE
N'importe quoi! Arrête. Surtout Renée! Une vraie andouille. Elle se vante toujours, elle veut toujours avoir raison.

LOCKE
Mais Renée dit que…

KALLE
Renée dit. Comme d'habitude. Et alors? Renée ment. Mais quand je serai loup… Renée aura la monnaie de sa pièce, ça tu peux me croire.

NAIN

Pourrions-nous maintenant…? Merci. Bon, en ce qui concerne le poste – ça me semble possible. Donc…

KALLE

Donc?

NAIN

Je crois qu'on va pouvoir faire un essai avec vous.

KALLE

Oui? J'ai le poste? Je suis le loup? Je ne suis plus un mouton, je suis un loup. Je suis LE loup. Je… *(Il prend des poses de loup très effrayantes.)*

LOCKE

Kalle!!!! KALLE!!!!

NAIN

Pas mal, mais maintenant calmez-vous, s'il vous plaît. J'ai parlé d'«essai».

KALLE

Essai? Qu'est-ce que ça veut dire? Essai! Je ne suis pas un cobaye!

NAIN

Cela veut dire que vous aurez une période d'essai pour nous montrer ce que vous savez faire. Pour que nous puissions être sûrs que vous êtes vraiment celui qu'il nous faut. C'est un poste vraiment exigeant. Il faut une certaine force mentale. De la robustesse, de l'endurance. Il n'est pas facile de trouver la personne adéquate. Et en plus, vous n'êtes pas le seul candidat.

KALLE

Non?

NAIN

Non, pas tout à fait… je veux dire… loin s'en faut.

KALLE

Ooh, je pensais… mais à l'essai? C'est quoi ces bêtises? Ce boulot est tout à fait pour moi. Et puis, vous dites tout le temps «nous». Qui c'est, «nous»? Où sont les autres?

NAIN

Vous devez comprendre, je fais partie d'un team. Nous suivons des procédures internes très strictes.

KALLE

Aah, c'est vrai ? Des procédures internes ?

NAIN

Exactement. Dans notre domaine, nous faisons partie des leaders. Mais… bref, passons. Pour vous la suite concrète des événements est beaucoup plus importante.

KALLE

Oui, certainement… mais ça m'aurait quand même intéressé…

NAIN

Notre management a été formé à l'internationale. Ses structures sont assez complexes et la communication interne laisse parfois à désirer. Mais cela ne vous concerne que marginalement. Venons-en aux faits. D'abord la fourrure. C'est celle de votre prédécesseur. Elle est en très bon état et devrait vous aller. Allez-y… voilà… si vous pouviez rentrer le ventre…

KALLE

Ce n'est pas du ventre, j'ai le poil épais.

NAIN

Rentrez donc un peu de votre poil. C'est parfait, merci. Elle finira par épouser vos formes, elle
est souple. Elle s'adapte à toutes les circonstances,
si j'ose dire.

KALLE, *expire.*

Pouh, oui... elle me va... à peu près...

NAIN

Et maintenant le dentier !

KALLE

Mais mes dents sont en parfait état !

NAIN

J'en suis ravi pour vous. Mais là n'est pas le
propos...

KALLE

Mais...

NAIN

Désolé, mais ce dentier a fait ses preuves.
Ouvrez la gueule. Très bien... oui, ça devrait
aller. Et maintenant grognez !

KALLE

Grrr, etc.

NAIN

Ne soyez pas timide, lâchez-vous !

Kalle grogne dangereusement et essaie différentes variantes.

NAIN

Pas mal. Très bien. Et maintenant fermez les yeux et pensez à une nuit de pleine lune… la pâle lueur de la lune se faufile entre les arbres… la cavalcade des nuages dans le ciel…

Kalle commence à hurler.

NAIN

Fabuleux ! Laissez-le sortir ! Laissez-le couler !

Kalle hurle très fort.

NAIN

Bien. Tout est donc arrangé. On se retrouvera après-demain, ici même. Entre-temps vous ferez vos premiers pas en tant que loup. Montrez-nous ce dont vous êtes capable !

KALLE

Et pour ce qui est du salaire…? Est-il intéressant? Et quelles sont les conditions de travail? L'assurance? La couverture sociale? Les congés?

NAIN

Nous vous donnerons cinquante poulets, trois petits cochons, un demi-royaume et un suivi médical régulier. En cas d'urgence, nous pouvons vous proposer un soutien psychologique – mais un bon loup ne devrait pas en avoir besoin.

KALLE

Et j'en fais quoi?

NAIN

Ce n'est pas une tâche simple. Un loup doit être en forme. Il ne faut pas sous-estimer la fatigue psychique.

KALLE

Je veux dire de tout le reste.

NAIN

De tout le reste?

KALLE

Poulets, cochons et tout ça.

NAIN

Mais enfin, vous êtes un loup !

KALLE

Ah oui, c'est vrai.

NAIN

Et les congés ne sont pas mentionnés explici-
tement, vous pouvez gérer ça à votre guise, une
journée de temps en temps…

LOCKE

Tout le reste, tu pourras peut-être le vendre.
Surtout le demi-royaume.

NAIN

Si vous ne voulez pas en profiter vous-même,
vous pourrez certainement le vendre avec une
jolie plus-value. Ce genre de chose trouve toujours preneur.

KALLE

Et le paiement est annuel ?

NAIN

Non, comme c'est un projet de vie, il n'y aura qu'un unique paiement.

KALLE

Quand?

NAIN

À la fin de notre collaboration.

KALLE

Pardon? À la fin? Et entre-temps, de quoi vais-je vivre?

NAIN

De la même chose que tous les loups. De toute façon, vous n'auriez pas beaucoup de temps pour jouir de tout cela.

KALLE

Mais je ne vais pas travailler gratuitement!

NAIN

Non, bien sûr. Ce n'est pas mal payé, si je peux me permettre la remarque.

KALLE

Et en plusieurs fois ? Un petit peu de temps en temps ? J'ai entendu dire que parfois les loups mouraient dans l'exercice de leurs fonctions. Ne me comprenez pas mal, je n'ai pas peur, mais alors tout serait fichu ?

NAIN

Vous avez tout à fait raison, mais c'est le règlement. Le risque fait partie du métier. Mais si vous faites du bon boulot… peut-être qu'on pourra en reparler. Mais si vous hésitez… pas de problème. Vous n'êtes pas le seul candidat.

KALLE

Ça, vous l'avez déjà dit.

NAIN

C'est vrai ? Après-demain donc ? Et n'oubliez pas − je… nous attendons des résultats !

KALLE

Oui, pigé, très bien. À après-demain donc !

Sortie des deux moutons. Le nain range l'affiche «Recrutons loup» et la remplace par une autre qu'on ne voit pas encore très bien. Il semble soulagé.

NAIN

Une bonne chose de faite. Il est toujours un peu difficile de trouver le loup… ce n'est pas seulement dû à… Mais celui-ci ne se débrouille pas mal, je trouve. Pas mal du tout. Et maintenant le chasseur. Eh oui, tout le monde ne sait pas se servir d'une arme à feu et encore moins de ce modèle antédiluvien. Ce fusil a vraiment besoin d'une révision. Sinon les pourcentages de chasseurs tués seront trop élevés, ça ne fait pas bonne impression dans les statistiques…

3

À L'ORÉE DU BOIS, LE SOIR

LOCKE

Et maintenant?

KALLE, essaie le dentier de plusieurs façons.

Alors, comment je suis?

LOCKE

Inhabituel.

KALLE

Tu t'y feras. Désormais je suis un loup.

LOCKE

On dirait. Et qu'est-ce qu'on fait maintenant?

KALLE

Qu'est-ce que tu fais, tu veux dire. Tu feras ce que je veux.

LOCKE

Pardon ?

KALLE

Tu m'as très bien compris. Je suis le loup et tu es le mouton.

LOCKE

Toi aussi, tu es un mouton.

KALLE

Ah bon ? Et ma fourrure, elle est comment ?

LOCKE

Noire et hirsute.

KALLE

Et mes dents ?

LOCKE

Pointues et tranchantes.

KALLE

Et mes yeux ?

LOCKE

Ils me semblent familiers… quoique… scintillants. Rouges. Presque comme des morceaux de braise. Comment tu fais ça ? Peut-être tu ferais mieux d'arrêter.

KALLE

Je ne fais que commencer. Et puis autre chose… l'important est ce que tu vois. C'est la seule chose qui compte.

LOCKE

Mais je te connais.

KALLE

Et alors?

LOCKE

Comment ça : « Et alors ? » Nous sommes amis. Tu es un mouton ! Un mouton ! Bêêêêêê. KALLE, réveille-toi !

KALLE

C'est bon, je sais, je me souviens vaguement. Manger de l'herbe et des trucs comme ça. Bêêêêê. Ne t'énerve pas.

LOCKE

Je ne suis pas énervé, je suis inquiet.

KALLE

Il n'y a pas de raison. Tu sais qui je suis. Tu n'as pas besoin d'avoir peur.

LOCKE

Peur? Je n'ai pas peur. Pourquoi aurais-je peur?

KALLE

Parce que je suis un loup et que tu n'es qu'un mouton.

LOCKE, *décontenancé.*

Pardon? Tu es le loup et je ne suis qu'un... C'est un comble... C'est ce que tu penses? Que je ne suis qu'un mouton? Et toi un loup? Jamais je n'aurais cru une chose pareille... jamais... quoique... même agneau tu avais ce trait de caractère et les autres disaient parfois... et puis Renée...

KALLE

Quoi, Renée??? Qu'est-ce qu'elle a Renée?

LOCKE

Ooh, rien.

KALLE

Allez, dis-le.

LOCKE

Il faut faire attention avec Kalle, elle a dit. Il est un peu brutal... quand tu jouais le vautour, tu mordais pour de vrai!!!

KALLE

Ah bon ? Très bien ! Nous avons deux mots à te dire, Renée.

LOCKE

Nous ? Laisse donc Renée tranquille. Maintenant que tu es un loup. Tu as mieux à faire, non ?

KALLE

Pourquoi mieux ? Qu'est-ce qu'il y a de mieux ? Je suis un loup. Il faut bien commencer quelque part, non ? Nous sommes en période d'essai.

LOCKE

Oui, mais Renée…

KALLE

Encore Renée. Qu'est-ce qu'elle a ?

LOCKE

Non… mais Renée, c'est vrai que parfois… mais quand même, elle n'est pas si mal, Renée. Je l'ai toujours bien aimée, c'est normal, agneaux on était dans le même enclos.

Et alors ? Agneaux ? C'est fini, ça. Maintenant, je suis un loup. Et toi, tu es ma patte droite et Renée… nous allons passer la voir, Renée.

LOCKE

Mais… tu ne vas pas lui mordre la jambe ?

KALLE

À la jambe ? Non, c'est du passé, ça.

LOCKE

Tu dis tout le temps «nous»… Pourtant, c'est toi le loup ici.

KALLE

C'est exactement ce que je dis. Viens.

4

CHEZ RENÉE, DANS LE PRÉ,
LE SOIR

Renée broute paisiblement. Elle porte une cloche autour du cou qui tinte régulièrement. Il y a encore d'autres moutons.

LOCKE, *chuchote.*

Renée... Renée!

RENÉE, *en train de mastiquer.*

Ooouuui?

LOCKE

Renée viens!

RENÉE

Ah, c'est toi, Locke. Tu veux que je vienne? Moi? Maintenant? Pourquoi? Je suis en train de manger.

LOCKE

Renée, allez, viens me rejoindre. Ici, dans le bois.

RENÉE

Ça fait longtemps qu'on ne s'est pas vus. C'est sympa. Mais dans le bois... Tu es sûr? Le bois, la nuit? Je ne suis pas folle. Et tu ferais mieux, toi aussi de... Tu ne te souviens pas: «Évite les bois la nuit, ça crée que des ennuis.» En plus, il n'y a rien à manger là-bas. Et je suis fatiguée.

KALLE, *invisible, on n'entend que sa voix.*

Pour ce qui est de la nourriture, tu te trompes. Il pousse des herbes délicieuses par ici. Herbes sylvestres – le bienfait sauvage de la forêt. Venez goûter! Tu ne le regretteras pas. Renée... bébête à clochette.

RENÉE

Pardon? Qu'est-ce que j'entends? Ça ne serait pas...?

LOCKE

Gagné! C'est Kalle.

RENÉE

Kalle? Qu'est-ce qu'il veut celui-là?

LOCKE

Il veut s'excuser…

RENÉE

S'excuser ?

LOCKE

Exactement.

RENÉE

Et pourquoi veut-il s'excuser… cette descente
de lit ?

LOCKE

Pour autrefois.

RENÉE

Pour autrefois ?

LOCKE

Oui, pour autrefois. Tu ne te souviens plus ?

RENÉE

Ah bon… et c'est maintenant, à cette heure-
ci, qu'il veut s'excuser pour autrefois ? Qu'est-ce
qui lui prend ?

LOCKE

Mais… sois sympa… D'habitude tu n'es pas
si… !

RENÉE

Si quoi?

LOCKE

Si… mesquine. Si… rancunière.

RENÉE

Je suis mesquine? Je suis rancunière? Kalle me mord la jambe et je suis mesquine? Ça faisait mal! Ce n'était pas drôle, je t'assure. Ce n'était qu'une blague, bien sûr, ah ah ah! Je me passe volontiers de ce genre de blague. Et maintenant je suis mesquine. Merci beaucoup! En plus venant de toi…

LOCKE

Venant de moi? Pourquoi? Qu'est-ce que j'ai, moi?

RENÉE

Oh… tu… Tu ne t'en es jamais aperçu?

LOCKE

De quoi?

RENÉE

Tu… hm… tu as toujours été différent des autres. Tu as toujours été fourré avec cet imbécile, mais en réalité, tu es différent.

LOCKE

Différent comment?

RENÉE

Ben, différent. Doux. Soyeux. Un peu comme… un nuage.

KALLE

Ça y est?

LOCKE

Un instant… comme un nuage? Je suis comme un nuage? C'est vrai? C'est ce que tu penses de moi?

RENÉE

Hmm, ouais. Oui! Comme un nuage dans un ciel bleu ensoleillé.

LOCKE

Personne ne m'a jamais dit une chose pareille. Comme un nuage! Jamais… Je suis comme un nuage. Renée… je ne savais pas!

KALLE

Allez viens, Renée. Et pour autrefois… je suis désolé. Je ne l'ai pas fait exprès. C'était un accident. Un accident stupide. Je ne voulais pas… pas si fort… Si j'avais su, jamais je n'aurais… Renée, moi aussi j'ai souffert. Pendant combien de nuits je n'ai pas pu dormir, tellement je regrettais ce qui s'était passé. Combien de fois j'ai dit, quel accident stupide… N'est-ce pas, Locke?

LOCKE
Je suis un nuage… je suis un nuage…

KALLE
Et maintenant, ici, les herbes les plus savoureuses que j'aie jamais vues. Tout près de toi. C'est l'occasion, j'ai dit à Locke. Maintenant je peux racheter ma faute, me faire pardonner autrefois. Je peux te payer en retour. Renée, viens et sois… euh, Renée, viens et partage mon dîner avec moi!

LOCKE, *absorbé.*
Je suis doux! Je suis soyeux! Je suis un nuage… je flotte…

Renée s'avance vers Kalle.

LOCKE, *se réveille.*
Renée! Renée!!! Non! Renée, n'y va pas! Reste!

Il se lance à sa poursuite…

5

DANS LA FORÊT

RENÉE

Kalle! Kalle?

KALLE

'Soir, Renée!

RENÉE

Eh, Kalle, où est Kalle?

KALLE

Je suis ici, devant toi.

RENÉE

Mais tu n'es pas Kalle! C'est bien sa voix… mais tu n'es pas Kalle! Kalle est différent! Kalle est un mouton! Et toi… toi, tu es…

KALLE

Raconte. Je ressemble à quoi?

RENÉE

Tu es… noir et hirsute… Tes oreilles sont pointues, et tes yeux brillent bizarrement. Tes dents…

KALLE

Oui, alors ? Vas-y ! Comment sont mes dents ?

RENÉE

Pointues et tranchantes… et pas très propres… tu n'es pas Kalle.

KALLE

Bonne petite ! Et si je ne suis pas Kalle, qui suis-je ?

RENÉE

Mais si, tu es bien Kalle ! Je reconnais ta voix ! Mais tu es… un imposteur ! Un loup déguisé en mouton ! Non ! Tu es… Kalle ! Tu es un mouton déguisé en loup !

KALLE

Comme tu es intelligente ! Tu m'as toujours agacé avec ton intelligence, ton côté « Mademoiselle je sais tout »… mais maintenant c'est fini. Ce n'est pas ton intelligence qui va t'aider ! Maintenant tu as fini de tout savoir mieux que tout le monde, tu as fini de m'emmerder ! Espèce de… moutonne. Espèce de cloche !

RENÉE

Mais pourquoi ? Qu'est-ce que je t'ai fait ? Je n'ai jamais…

KALLE

Mais moi, j'ai ! Oui, je t'ai mordu la jambe. C'était délicieux. J'aurais pu te dévorer tout entière ! Et maintenant je compte bien finir le festin !

RENÉE

Mais nom de Dieu ! Kalle, tu es un mouton ! Les moutons ne mangent pas d'autres moutons ! Tu ne peux pas faire ça. Tu n'es pas carnivore ! Tu aurais une terrible indigestion ! Je te pèserais lourd sur l'estomac et tu resterais constipé jusqu'à la fin de tes jours !

KALLE

Foutaises ! « Mademoiselle je sais tout », comme d'habitude ! Je crois avoir déjà dit que j'en avais marre. Je suis en période d'essai et je dois faire mes preuves. Désolé, camarade ! C'est fini… *(Il se jette sur Renée et la dévore.)*

LOCKE, *arrive hors haleine.*

Renée!! Où est Renée!

KALLE, *l'imitant.*

Renée! Où est Renée! Où veux-tu qu'elle soit?

LOCKE

Où est Renée???

KALLE

Réfléchis donc un peu!

LOCKE

Tu as…

KALLE

Mon petit génie!

LOCKE

Mais… ce n'est pas… ce n'est pas possible!

KALLE

Pourquoi ça ne serait pas possible?

LOCKE

Tu ne peux pas faire ça! Tu ne peux pas avoir fait ça! C'est impossible! C'est contre nature!

KALLE

Pourquoi ? Je suis un loup, elle est une brebis.
Je suis le prédateur, Renée est mon repas. Qu'est-
ce qu'il y a de contre nature là-dedans ? C'est
tout ce qu'il y a de plus normal. Ça arrive tous
les jours ! Partout dans le monde !

LOCKE

Mais pas Renée. Et pas toi, non plus. Tu es un
mouton et Renée aussi est... était... Renée !!!

KALLE

Calme-toi ! Tu savais bien ce qui allait se passer. Tu es ma patte droite. Et maintenant calme-
toi, n'en fais pas un drame, pas de chichis !
Terminé ! Il faut bien que je fasse mes preuves,
après tout, nous sommes à l'essai, tu as oublié ?
Il faut bien commencer quelque part. Donc, ça
suffit ! Il est tard. Je suis fatigué !

LOCKE

Mais...

KALLE

Ça suffit, j'ai dit. Viens, on mange encore
quelques-unes de ces herbes délicieuses et puis
on se couchera. Ç'a été une dure journée pour
moi. Une dure journée pour nous.

LOCKE

Comment tu fais pour manger et…

KALLE

Bah, quelques herbes juteuses me feront du bien. C'est assez lourd, un mouton entier.

LOCKE

Kalle, comment t'as pu… ?

KALLE

Avec ce dentier, tu veux dire ? D'un point de vue pratique ? Oh, ce n'était pas si difficile que ça… je l'ai approché par le côté et puis voilà. En revanche, les herbes, avec ces dents pointues, c'est un peu plus difficile. Pourrais-tu m'aider… ?

LOCKE

Kalle ! Je…

KALLE

C'est bon, c'est bon. Si tu veux. Tu as raison. Il vaut mieux pas, ça ferait trop. Je vais me coucher et roupiller un bon coup. Ou deux.

À vrai dire, je n'aurais jamais cru que Renée serait si indigeste… on avait pourtant évoqué le sujet juste avant, mais je croyais que c'était une de ses ruses. Mais bon, on s'en fiche. Il ne faut pas pleurer sur les moutons dévorés. En tout cas, pas mal, comme début dans le métier… j'aimerais voir qui ferait comme moi… il n'en reviendra pas, le nain… dès le premier jour, un mouton entier… *(Il murmure, s'endort… et ronfle très fort.)*

LOCKE

Qu'est-ce que je…? Ah! Cette agence d'intérim! C'est entièrement leur faute!

6

DANS LE BUREAU

LOCKE

Eh, eh! Monsieur le Nain!!! MONSIEUR
LE NAIN!!!

NAIN

Grands dieux! Que se passe-t-il? Que signifie
ce raffut au milieu de la nuit? On ne peut donc
jamais être tranquille, ici? Nous sommes fermés!
L'administration dort!

LOCKE

C'est une urgence!

NAIN

Une urgence! Je connais! À chaque fois c'est
une urgence quand on me tire du lit au milieu
de la nuit.

LOCKE

Mais… S'il vous plaît, je vous en supplie, ouvrez! Il a mangé Renée!

NAIN, *jette un œil dehors.*

Ah, c'est vous… Que se passe-t-il?

LOCKE

Il a mangé Renée!

NAIN

Pardon?

LOCKE

Ben, Kalle! Le loup! Le loup a mangé Renée!

NAIN

Renée? Qui est Renée?

LOCKE

Renée est une brebis! Renée a été dévorée par le loup!

NAIN

Oh, bravo! Il y va, votre ami. Félicitations! S'il continue comme ça, il aura de bonnes chances de… J'apprécie son engagement, vraiment, mais ç'aurait pu attendre demain.

LOCKE

Vous ne comprenez pas. C'est terrible ! Il n'aurait jamais dû manger Renée ! Jamais ! Pas seulement à cause de son estomac... Elle doit sortir
de là !

NAIN

Elle doit sortir de là, elle doit sortir de là...
pour qui vous prenez-vous ? Mangé c'est mangé.
On ne peut plus rien y faire. Je ne peux rien pour
vous. Il faut laisser les choses suivre leur cours.

LOCKE

Mais... elle doit sortir de là ! Elle ne doit pas
rester à l'intérieur ! Vous devez...

NAIN

Je ne dois rien du tout. Ce n'est pas dans le
cadre de mes compétences, comprenez-le donc !
Je m'occupe de pourvoir les postes vacants et ma
hiérarchie a confiance en moi, mais me mêler
ensuite des histoires, je ne le peux et ne le dois
pas ! Sous aucun prétexte ! Ça serait contre notre
philosophie d'entreprise. Mais attendez... *(Il
fouille dans ses classeurs.)*... libérer des personnes
dévorées, ça fait partie des tâches du chasseur...
sans aucun doute. Seul un chasseur autorisé peut
donc vous aider. Moi, j'ai les mains liées.

LOCKE

Un chasseur? C'est déjà... et où se trouve-
t-il, votre chasseur?

NAIN

Ce n'est pas mon chasseur. Je vous en prie. Je
tiens à garder mes distances, c'est...

LOCKE

Ouiouioui, où se trouve-t-il?

NAIN

Où se trouve-t-il... oui, alors, actuellement la
place est vacante. Pas occupée. Nous sommes en
train de chercher... j'ai eu quelques entretiens
pour le poste, cet après-midi même, mais rien de
convaincant. Trois cochons, mais tous encore un
peu trop petits.

LOCKE

Et maintenant?

NAIN

Il n'y a pas de chasseur. Il faut d'abord trouver
quelqu'un. *(Il montre l'affiche du doigt. On y lit,
comme tout à l'heure pour le loup «Recrutons chasseur», elle aussi est illustrée de quelques exemples par-
lants, Blanche-Neige, le Petit Chaperon rouge, etc.)*

LOCKE, *déglutit et prend une profonde inspiration.*

Alors, je postule. Tout de suite. J'aimerais m'en charger. J'aimerais faire chasseur.

NAIN

Vous ??

LOCKE

Oui, moi.

NAIN

Grands dieux! Un entretien d'embauche donc. Au milieu de la nuit… Ça ne peut pas continuer ainsi… c'est de pire en pire.

Bon alors, prenez place, je vous prie. Vous voulez donc être le chasseur.

LOCKE, *regarde l'affiche.*

Oui.

NAIN

Des compétences particulières? Expérience professionnelle? Je veux dire, qu'est-ce qui vous qualifie pour le poste?

LOCKE

Euh, je… je… sais pas, mais c'est urgent. Je le ferai facilement. Je n'ai pas peur. Et je suis assez costaud.

NAIN

Quoi d'autre ?

LOCKE

Je suis libre de suite.

NAIN

Quoi d'autre ?

LOCKE

J'ai toujours été bon en travaux manuels. J'ai souvent rétréci des fourrures ou recousu des queues d'agneau.

NAIN

La couture… bon. Les travaux manuels ? Ce n'est pas ce que j'appellerais une qualification hors pair.

LOCKE

Mais j'ai toujours eu l'impression que ça en faisait partie. Parfois c'est vachement important !

NAIN

Ah bon ? Oui, c'est vrai. Parfois, ça peut être très utile de s'y connaître. Et qu'en est-il du maniement d'armes ?

LOCKE

Dents, sabots, bêlements stridents ?

NAIN

Non, armes. Fusils, pistolets, massues, pommes empoisonnées, flèches, etc.

LOCKE

Ben, pas directement. Non.

NAIN

Bon, d'accord. Quand dans le loup se trouve une personne encore secourable, notre entreprise privilégie la méthode FST, méthode fourrure sans trou. Ouvrir en coupant, sortir la victime, rentrer un objet lourd, recoudre, terminé. La couture est donc déjà un bon point. Sans doute une condition *sine qua non* pour ce boulot, vous avez raison. Et par ailleurs ? Cela demande une certaine robustesse, une bonne condition physique. Est-ce que vous êtes sujet à des malaises ? Des problèmes de tension ? Supportez-vous la vue du sang ?

LOCKE

Je me sens en pleine forme et à la hauteur du job. Je n'ai jamais été douillet. Je ne sais pas tirer. Mais je vous promets que j'apprendrai.

NAIN

Bon, d'accord. C'est vous qui devez savoir. Compte tenu des circonstances exceptionnelles, je serais prêt, à la rigueur… dans ce cas précis, rien ne s'oppose à une embauche rapide…

LOCKE

Oh merci! MERCI! Je suis pris?

NAIN

Mais attendez, calmez-vous… Vous avez le travail. Provisoirement. À l'essai. Vous n'êtes pas le seul candidat, vous savez. Le mieux serait qu'on fixe une période d'essai jusqu'à… disons…

LOCKE

Demain?

NAIN

Je ne préférerais pas. Disons après-demain.

LOCKE

Volontiers, la méthode FST donc… bien. Et cet objet lourd – pourquoi remplace-t-on d'ailleurs la victime par un objet lourd? Et par quel objet lourd?

NAIN

Pourquoi??? Ma foi, il faut bien respecter certaines règles. Où irait-on sinon, hein? Mais si cela ne vous convient pas... Si ça vous fait trop... il y a d'autres...

LOCKE

Nononon, ce n'est pas du tout ce que je voulais dire. Ce n'est pas le principe lui-même que je mettais en cause. Je voulais juste...

NAIN

La nature de l'objet n'a aucune importance. Compte tenu de l'environnement rural, une pierre où quelque chose du même style conviendrait parfaitement.

LOCKE

D'accord... et maintenant j'aurais besoin de fil, aiguille et ciseaux, s'il vous plaît.

NAIN

Tout d'abord, voilà le manteau... il devrait vous aller... un peu grand... mais on grandit avec la tâche, peut-être.

LOCKE

Merci!

NAIN

Voilà le fusil. Mais, de grâce, soyez prudent! Il n'est pas tout à fait… Il aurait besoin d'une sérieuse révision. Donc, ne visez jamais des personnes non concernées. Et faites attention à vous-même, le champ de tir n'est pas très bien délimité. Le roulement dans ce poste est ainsi malheureusement un peu… Et voilà les outils.

LOCKE

Merci, merci! *(Il ramasse tout et se précipite dehors.)* Je suis un nuage! Un nuage sombre! L'orage approche!

NAIN, *fort.*

Je vous attends donc après-demain! Mais en aucun cas à la même heure! *(Pour lui-même.)* On sent que les temps sont devenus plus durs… même la nuit on vous sollicite pour du travail… D'une certaine façon, c'est tragique… mais est-ce que je vais tenir encore longtemps? Tu es le plus petit, ont-ils dit. Venant de toi, on croira n'importe quelle faribole. Mais je ne sais pas. Peut-être je ferais mieux de retourner dans un

secteur manuel. La mine par exemple? De nouveau me servir de mes mains! Voir, le soir, le
résultat de son travail! Il faut que je demande à
mes frères... Peut-être qu'on embauche...

7

DANS LA FORÊT

Kalle est couché dans l'herbe. Son sommeil est agité.

LOCKE

Dieu merci! Il est toujours là! Et quel chahut dans son ventre... Alors, comment je vais faire... par où je vais commencer? Il faut que je me dépêche avant qu'il n'ait digéré Renée! Mais je ne peux pas, comme ça... Pitié...! Comment...? Et dans l'histoire, ça se passait comment? Premièrement, couper pour ouvrir, puis sortir la victime, puis... des pierres, il me faut des pierres. Non, une seule suffira. Il y a seulement une Renée. *(Il traîne une pierre d'une taille adaptée.)* Reprenons: couper pour ouvrir, sortir Renée, rentrer la pierre, recoudre. Et puis? Bon, peu importe. Ooh, on s'en fiche. Je suis le chasseur. Je suis le chasseur. Je suis... JE SUIS LE CHASSEUR! Et ceci n'est qu'un sale loup. Pas de problème pour quelqu'un comme moi. Je fais mon boulot. Je suis bon. Je suis le meilleur. Je suis encore à l'essai. Je ne peux pas me permettre de traînasser. JE SUIS LE CHASSEUR ! Je suis…

Il ferme les yeux, coupe et regarde furtivement de temps en temps. Renée apparaît, peu à peu. Kalle grogne et souffle.

RENÉE, *suffoquant.*
Je… de l'air !!! Oh, le chasseur !

LOCKE
Renée ! Tu es vivante !

RENÉE
Monsieur le chasseur ! Comment connaissez-vous mon…

LOCKE
Allez, Renée, aide-moi !

RENÉE
Pardon ? Que voulez-vous faire ?

LOCKE
Aide-moi avec cette pierre !

RENÉE

Avec cette pierre ? Que voulez-vous en faire ?

LOCKE

On va la fourrer dans le ventre du loup.

RENÉE

Mais pourquoi ? Mais c'est…

LOCKE

C'est la règle. *(Il s'énerve un peu.)* Il faut quand même respecter certaines règles. Où irait-on…

RENÉE

C'est bon, c'est bon. La pierre donc…

Ensemble, ils poussent la pierre dans le ventre du loup.

LOCKE

Allez, magne-toi. Nous devons nous dépêcher. Aide-moi et tiens les deux bouts de fourrure pour que je puisse coudre !

RENÉE

Coudre ? Ah, vous voulez dire…

LOCKE

Boucle-la et aide-moi! Allez, resserre fort!
Fort, j'ai dit. C'est mieux… *(Il coud.)* Bien…
comme ça…

RENÉE

Mais, monsieur le chasseur…

LOCKE

Silence. Je dois me concentrer! *(Il coud frénéti-
quement.)* Ça y est. Heureusement il a un bon
sommeil. Et toi… tu devrais peut-être penser à
te laver, et vite.

RENÉE

Au milieu de la nuit?

LOCKE

Mais regarde-toi… et… *(Il renifle d'un air
dégoûté. Le chapeau se déplace et des boucles appa-
raissent sur son front.)*

RENÉE

Désolée, monsieur le chasseur. Il est bien possible que momentanément je… vous, en
revanche, vous me rappelez…

LOCKE

Oui ?

RENÉE

Vous me rappelez un peu…

LOCKE

Vraiment ?

RENÉE

Oui, un peu… je ne pourrais pas vous l'expliquer… mais… vous me semblez si familier. Peut-être c'est seulement votre coiffure… et l'odeur… mais non… Locke ? Tu es Locke ? Tu es Locke ! *(Elle touche le chasseur et le renifle un peu…)* Tu es Locke !

KALLE

Mon Dieu, qu'est-ce que j'ai mal au cœur ! Et mon ventre ! Qu'est-ce qui lui est arrivé ? Locke ! Locke ! Je ne vais pas bien du tout ! Et j'ai tellement soif… J'ai besoin de boire… Mais qu'est-ce qui se passe ? Je n'arrive pas à… Mon Dieu, qu'est-ce que je porte là ? Mais c'est… beaucoup trop serré !!! C'est un cauchemar. *(Il tire fort sur la fourrure, mais il s'y trouve coincé.)* Locke ! Locke, aide-moi !! Locke, où es-tu ?

Le chasseur et Renée se sont un peu déplacés sur le côté. Kalle ne peut pas les voir.

KALLE

Locke! Locke! J'ai si mal au cœur. Je n'ai jamais eu aussi mal au cœur de ma vie. Je te jure. *(Il essaie de se lever. Y réussit péniblement.)* Soif… La rivière doit être tout près… de l'eau… *(Avance en titubant en direction de la rivière.)* Qu'est-ce qui arrive à mon ventre? Je ne peux presque pas… De l'eau… *(Un grand splash.)* Au secours! Au secours!!!!!! Je coule… AU SECOURS!!!!

RENÉE

Maintenant, ils est… Monsieur le chasseur, Locke, Kalle est tombé dans l'eau.

KALLE

AU SECOURS!!!! Locke, où es-tu? Au secours! J'ai… *(Glouglou.)* LOCKE!

RENÉE

C'est un sale type, certes, mais on ne peut quand même pas le laisser…

LOCKE

Et pourquoi pas?

Renée

Parce que je ne peux pas supporter ça! Je ne vais pas rester tranquillement ici et écouter comment quelqu'un se noie. Même si c'est le loup. Mais, en plus, c'est Kalle! Un de mes vieux potes! Et toi, tu ne devrais pas non plus. Locke! Tu ne devrais pas rester ici, comme ça, à rien faire!!!

Locke

Je suis le chasseur. Le type là-bas est le loup. C'est dans l'ordre des choses. Je ne comprends pas ce que tu as. Ne te mets pas dans cet état.

Kalle

Au secours...

Renée

Chasseur, loup – arrête avec tout ça. Tu n'es pas mieux que l'autre. En ce qui me concerne... *(Elle se précipite dans la direction de la rivière.)* Kalle! J'arrive!

Locke la suit, contraint et forcé, mais en traînant les pieds.

8

À LA RIVIÈRE, LA NUIT

Renée se débat et essaie de sortir Kalle de l'eau. La fourrure de Kalle est à moitié partie... Les deux sont hors d'haleine, mais Renée n'y arrive pas toute seule.

RENÉE
Te voilà enfin! T'en as mis du temps. Allez, aide-moi!

Locke fait un pas dans leur direction, mais il se prend les pieds dans son manteau. Après un instant d'hésitation, il enlève son costume de chasseur. Ses mouvements sont beaucoup plus rapides maintenant. Il court vers l'eau et commence à aider. Ensemble, ils réussissent à sortir Kalle de la rivière. Trempés et complètement crevés, ils sont assis sur la rive. La fourrure de Kalle est presque partie, dans un gargouillis, il recrache le dentier. Cependant, son ventre est encore très gros et il semble inconscient. Les vêtements de chasseur traînent un peu partout.

LOCKE, *assez fatigué.*

Et maintenant? Qu'allons-nous faire maintenant?

RENÉE

Quelle question! Couper, qu'est-ce que tu veux faire d'autre?

LOCKE

Mais…

RENÉE

J'ouvre, tu fermes…! Quel plaisir d'ouvrir ce ventre. Passe-moi les ciseaux, dépêche-toi!

Locke lui donne les ciseaux et Renée commence. Elle y prend un plaisir évident.

Très bien. Aide-moi un peu!

Ils sortent la pierre. Renée réfléchit un instant, puis détache sa cloche et la met dans le ventre de Kalle. Elle l'y fixe.

À toi!

Locke jette un regard surpris sur le ventre, fait un large sourire et commence à recoudre.

Et maintenant…

LOCKE
Maintenant, on va dormir un peu.

Ils se couchent. Silence.

9

À LA RIVIÈRE, LE MATIN

KALLE, *gémit.*

Mon Dieu, qu'est-ce que j'ai… j'ai si… *(Il se tortille.)* Locke! Locke!

Renée, se réveille et regarde Kalle d'un air pensif.

Locke, se réveille aussi. Il se lève et s'approche de Kalle.

LOCKE

Oui?

KALLE

Locke, je me sens si épouvantablement mal. Terriblement mal. De l'extérieur, mon ventre me fait mal, et de l'intérieur je suis nauséeux… Je crois que j'aurais besoin de boire! Une gorgée d'eau…! Merci!

Locke, lui apporte de l'eau dans la gourde du chasseur. Il regarde attentivement le ventre de Kalle pendant que celui-ci boit.

LOCKE

Étanche! Ça tient!

KALLE

Qu'est-ce que tu as dit?

LOCKE

Rien.

KALLE

Locke…, écoute, je reste encore couché un peu… je ne me sens pas bien… C'est stupide, pendant ma période d'essai… mais je ne sais pas…

LOCKE

Qu'est-ce que tu ne sais pas?

KALLE

Je ne sais tout simplement pas si je suis fait pour ce boulot… Il ne me réussit pas. Je veux dire… Renée, elle me tapait sur les nerfs, certes… mais de là à la dévorer… Je ne suis pas carnivore. Je ne supporte pas la viande et rien qu'imaginer – sept petits chevreaux! Une grand-mère entière! Et Dieu sait quoi d'autre... non, je n'y survivrais pas! Ah, tu m'as déjà débarrassé de la fourrure! Merci! Mais, dis-moi... mon ventre, il ressemble à quoi, mon ventre? Il est... Je ne me sens pas bien, d'accord, mais rien à voir avec la sensation de lourdeur d'hier! Si Renée...? Mon Dieu! Est-ce que je vais être constipé pendant les mille prochaines années? Et qu'est-ce que c'est...?

À chaque mouvement, on entend tinter la cloche.

RENÉE

Pas de panique. Je n'y suis pour rien!

KALLE

Renée! Tu es ici? Dehors? Mais comment...?

RENÉE

Aucune idée! Un chasseur peut-être qui passait par là... par hasard?

KALLE

Un chasseur! Voilà pourquoi! Quel... bon, peu importe... Renée... je... tu... je suis ravi que tu sois sortie! Et, euh, je suis désolé. Vraiment.

RENÉE

Désolé de quoi?

KALLE

L'histoire avec la jambe. Je l'avais fait exprès, mais aujourd'hui j'en suis désolé. Vraiment!

RENÉE

Ah bon?

KALLE

Et puis… Renée… ce qui s'est passé hier, j'en suis désolé aussi. Vraiment. Je ne m'explique pas… C'était le loup! Je ne comprends pas ce qui m'a pris…

RENÉE

Ah bon, tout à coup?

LOCKE

Arrête de bêler, bon sang! Ce n'est pas si simple que ça! Tu étais dans la fourrure! Tu étais le loup! Et personne d'autre!

KALLE

Oui, c'est vrai, mais de l'intérieur d'une telle fourrure, le monde change d'aspect… Tu ne l'imagines peut-être pas… si tu ne me crois pas, tu n'as qu'à l'enfiler…

LOCKE

Manquerait plus que ça! On rapportera cette serpillière le plus vite possible. Toi, tu restes ici, au calme, et ne bouge pas.

KALLE

Si tu veux. Je vais beaucoup mieux, c'est vrai, mais un peu de repos ne me fera pas de mal. Mais qu'est-ce que c'est…?

RENÉE

Quoi?

KALLE

Ce tintement… cette cloche… J'ai l'impression que…

RENÉE

Une cloche? Dans ton ventre? Tiens… ça doit être la mienne.

KALLE

Ta cloche dans mon ventre? Oh m…, moi qui ne peux pas saquer les cloches… Comment je la fais sortir, maintenant?

RENÉE

Locke, il y avait pas des ciseaux aiguisés qui traînaient par ici?

KALLE

Ciseaux? Aiguisés? Oh, merci non, ce n'est pas la peine… ça va aller…

LOCKE

Allez, ne fais pas d'histoires! Toi avec une cloche, ce n'est pas possible!

KALLE

Mais mon ventre est un peu sensible, là tout de suite…

RENÉE

Bon alors c'est ton problème! Salut, espèce de cloche!

KALLE

Renée! Renée!!!

RENÉE

Oui?

KALLE

Je suis désolé. Pour tout. J'ai foiré. J'étais nul. Je suis heureux que tu sois…

RENÉE

Ça va, ça va. Mais je t'avais prévenu! Ton esto-mac…

KALLE

Pas seulement ça. Le reste aussi. Je regrette vraiment. Plus jamais je vais…

RENÉE

C'est bon, tout va bien maintenant. Ah oui… autre chose : fini « vautour et agneaux » !

KALLE

Mais je viens de m'excuser !

RENÉE

Plaît-il ??? Déjà ? Tu n'écoutes pas ce qu'on te dit ?

KALLE

D'accord, d'accord. Plus de « vautour et agneaux ». Fini. Terminé. En plus, on a passé l'âge…

RENÉE

En plus. Salut ! Repose-toi ! Nous repasserons, on te suit à l'oreille !

KALLE

Mmm. Salut.

10

DANS LE BUREAU

NAIN, *encore tout endormi.*
Encore vous ? On avait pourtant dit après-demain, expressément ! En aucun cas aujour-d'hui !

LOCKE
Oui, en effet. Mais je voulais vous rapporter ceci.

NAIN
Oui, mais… avant la fin de la période d'essai ? Excusez ma surprise, mais ce n'est pas habituel !

LOCKE
Peut-être bien. Mais ce n'est pas pour nous. Désolé. Mais comme vous avez d'autres candi-dats…

NAIN

Certes, mais avec vos qualifications… j'aurais été ravi si… je vous sentais bien… J'en suis vraiment navré !

LOCKE

Moi aussi, je suis navré, mais ce n'est pas pour nous. Vous trouverez très certainement quelqu'un d'autre…

NAIN

Oui, certes. Rendez-moi donc ça. Mais qu'est-ce que c'est que ça ? Mais comment, monsieur… ? La belle fourrure !

LOCKE

Oui, c'était malheureusement inévitable… mais si on regarde bien, c'est juste l'endroit où il y avait déjà plusieurs coutures !

NAIN

C'est possible… en effet, je m'en souviens maintenant.

RENÉE

Mais si ça se reproduit tout le temps… une fermeture Éclair ne serait-elle pas… ?

NAIN

Une fermeture Éclair… ce n'est pas une mauvaise idée ! Merci beaucoup ! Cela dit – quel effet cela ferait-il. Mais peut-être avez-vous raison. Je vais en référer en haut lieu. Oui… donc, au revoir !

RENÉE et LOCKE, *bras dessus bras dessous.*

Oui, nous aussi il faut qu'on y aille.

RENÉE

En effet, comme un nuage !

LOCKE

Oui ? Tu trouves vraiment ?

RENÉE

Un merveilleux nuage d'orage !

LOCKE

Espèce de…

Ils partent en courant en jouant à chat…

Le nain remet les deux affiches.

NAIN

Dommage. Les débuts étaient pourtant si pro-
metteurs… mais le personnel aujourd'hui… ça
manque cruellement de motivation… où cela
nous mènera-t-il… ?

*Immédiatement la chanson des trois petits cochons
recommence. Ils chantent fort et joyeusement… «Le
loup est mort, le loup est mort…» De loin, on entend
la cloche de Kalle…*